MASTERING CHINESE MEASURE WORDS

CHINESE MEASURE WORDS

掌握中文量词系列

PART 18

WENYA GAO 高文雅

ACKNOWLEDGEMENTS

I would like to express my heartfelt gratitude to all those who inspired me to the creation of the "Mastering Chinese Measure Words Series." Special thanks go to our linguistic experts and scholars whose works provided invaluable insights and guidance on the intricacies of Chinese measure words. Their expertise and dedication have significantly enriched the content and depth of this series. I am also deeply thankful to my friends, colleagues, and family members to support me throughout this wonderful journey to publish books helping spread the knowledge of Chinese language and culture.

©2024 Wenya Gao. All rights reserved.

INTRODUCTION

Welcome to the "Mastering Chinese Measure Words Series" (掌握中文量词系列), a unique and engaging journey through the fascinating world of Chinese measure words. In this series, we have crafted captivating stories that bring the complexity and beauty of Chinese measure words to life. Each tale is filled with numerous measure words, seamlessly integrated into the narrative to illustrate their proper usage and provide a practical understanding of how they function in everyday Chinese.

The stories in this series span a wide range of themes and genres, from mystical adventures and historical dramas to contemporary slice-of-life tales and whimsical fantasies. As you read, you'll encounter measure words used to describe everything from people and animals to food, objects, and abstract concepts. Each story is not only a delightful read but also a valuable language-learning tool, designed to enhance your understanding and mastery of Chinese measure words.

With the " Mastering Chinese Measure Words Series," we aim to make learning Chinese measure words an enjoyable and memorable experience. Whether you're a beginner or an advanced learner, this series offers something for everyone, providing a rich and varied context in which to explore and practice this essential aspect of Chinese language.

CONTENTS

ACKNOWLEDGEMENTS 2
INTRODUCTION 3
CONTENTS 4

    第一章：火车站 5

    第二章：蛋糕 7

    第三章：春天花 9

    第四章：鞋盒 11

    第五章：茄子 13

    第六章：电视机遥控 15

    第七章：自行车铃 17

    第八章：电视机屏幕 19

    第九章：公交车窗 21

    第十章：天使 23

    第十一章：机器人 25

    第十二章：宇宙星 27

    第十三章：香蕉 29

    第十四章：蜜蜂窝 31

    第十五章：吉他盒 33

    第十六章：西瓜 35

    第十七章：恐龙蛋 36

第一章：火车站

在繁忙的火车站，一列列火车如巨龙般穿梭，带着人们的希望与梦想驶向远方。这天，火车站内格外热闹，因为即将有一支特别的队伍——由各地文艺爱好者组成的演出队，要在这里为过往的旅客带来一场别开生面的表演。

演出队一共有五队人马，他们分别擅长不同的艺术形式，从舞蹈到歌唱，从戏曲到魔术，应有尽有。每队人都满怀激情，准备将自己的才艺展现给每一位旅客。在火车站的广场上，他们用一篮篮鲜花装饰舞台，让整个场地充满了节日般的气氛。

不远处，一座座雕塑静静地矗立着，它们形态各异，仿佛在诉说着火车站的历史与变迁。在这些雕塑旁，一匹匹骏马造型的铜雕尤为引人注目，它们昂首挺胸，仿佛随时准备驰骋而出，给这现代化的火车站增添了几分古朴与野性的美。

随着演出的临近，一首首悠扬的乐曲从舞台上传出，那是演出队中的音乐家们正在调试乐器，为即将到来的表演做最后的准备。他们的音乐像一股清泉，流淌在旅客们的心间，让人们在等待的时光中感受到了温暖与希望。

在舞台的一角，一块块展示牌上写着演出的节目单和演员们的介绍，吸引了不少旅客驻足观看。大家纷纷议论着，期待着即将到来的精彩演出。

演出终于开始了，随着日光的逐渐西斜，火车站内的灯光逐渐亮起，为舞台增添了几分神秘与浪漫。演员们轮番上阵，用他们的才华和热情为旅客们带来了一场视听盛宴。观众们掌声雷动，欢声笑语不断。

在演出的间隙，一根根彩色的气球被放飞到空中，它们带着人们的祝福和愿望飘向远方。孩子们兴奋地追逐着气球，大人们则微笑着看着这一幕，心中充满了温馨与感动。

演出持续了一周的时间，每天都有不同的队伍和节目呈现给旅客们。这一周里，火车站不仅是一个交通枢纽，更成为了一个充满艺术气息的文化殿堂。

演出结束后，演员们在一棵棵郁郁葱葱的大树下合影留念，他们感谢火车站为他们提供了这样一个展示才华的舞台，也感谢每一位旅客的陪伴与支持。而那些被艺术氛围感染的旅客们，也将这份美好的记忆带上了旅途，继续前行。

火车站依旧繁忙而有序地运转着，但它已经不再是一个简单的交通节点，而是承载着无数故事与情感的温暖之地。在这里，每一趟列车的出发与到达，都伴随着人们的欢笑与泪水，记录着一段段难忘的旅程。

第二章：蛋糕

在一个温馨的小镇上，有一家远近闻名的蛋糕店，它用一双双灵巧的手，制作出一出出令人垂涎欲滴的蛋糕艺术。这家蛋糕店不仅技艺高超，而且每一代店主都传承着对蛋糕制作的热爱与执着，仿佛是一辈辈人共同编织的一个甜蜜梦想。

店主是一位年过半百的老人，他年轻时曾师从一位著名的糕点大师，学得了一身制作蛋糕的好手艺。如今，他将自己的一生所学，都倾注在了这家小小的蛋糕店里。每当清晨的第一缕阳光透过窗户，照在那双布满皱纹却依旧灵巧的手上时，他便开始了一天的工作。

今天，他准备制作一款特别的蛋糕——一款以"幸福"为主题的蛋糕。他精心挑选了几头新鲜的鸡蛋，用它们来制作蛋糕的基底，因为在他看来，鸡蛋是蛋糕的灵魂，只有最新鲜的鸡蛋才能做出最松软的蛋糕体。

接着，他从院子里摘下几棵新鲜的草莓和蓝莓，这些水果将作为蛋糕的装饰，为蛋糕增添一抹亮丽的色彩。他将水果一颗颗洗净，小心翼翼地摆放在一旁，准备在蛋糕完成后进行点缀。

在制作蛋糕的过程中，他还不忘给自己的孙子孙女们上一课，教他们如何搅拌面糊、如何控制烤箱的温度。他说："做蛋糕就像做人一样，要用心、要耐心，每一个步骤都不能马虎。"孩子们听得津津有味，一双双小手也跟着爷爷的动作模仿起来。

终于，经过几个小时的精心制作，一款色香味俱佳的"幸福"蛋糕诞生了。它看起来就像是一件艺术品，让人不忍下口。老人满意地笑了笑，他知道，这款蛋糕不仅凝聚了他一生的心血，更承载了他对家人的爱和对生活的美好祝愿。

为了庆祝这款蛋糕的完成，他特意点亮了一盏精致的台灯，将蛋糕放在灯光下，让它显得更加诱人。然后，他邀请了镇上的邻居和亲朋好友，一起来分享这份甜蜜与幸福。

当大家围坐在一起，品尝着这款美味的蛋糕时，老人感慨万千。他说："这一辈辈人传承下来的，不仅仅是一门手艺，更是一种对生活的热爱和对美好的追求。"大家纷纷点头赞同，每个人的脸上都洋溢着幸福的笑容。

就这样，在这个小镇上，一款款美味的蛋糕被制作出来，它们不仅满足了人们的味蕾，更传递着爱与温暖。而这家蛋糕店，也成为了小镇上一道亮丽的风景线，吸引着越来越多的人前来品尝和感受这份甜蜜的幸福。

第三章：春天花

春天，万物复苏，百花齐放，小镇上迎来了一场盛大的花展。这场花展汇聚了各式各样的花卉，从娇艳的玫瑰到清新的百合，从热烈的郁金香到雅致的兰花，应有尽有，仿佛是大自然的一盒盒调色盘，将春天装点得五彩斑斓。

为了这次花展，小镇上的园艺师们组成了一支专业的队伍，他们精心挑选、培育了各种花卉，准备在花展上一展身手。经过数月的辛勤劳动，他们的努力终于得到了回报，花展上的每一朵花都绽放得如此灿烂，吸引着络绎不绝的游客前来观赏。

在花展的入口处，摆放着一桶桶五彩斑斓的鲜花，它们像是迎接宾客的使者，用最美的姿态向来访者致以最诚挚的欢迎。游客们纷纷停下脚步，用手机或相机记录下这美好的瞬间，留下春天的记忆。

走进花展现场，仿佛进入了一个花的海洋。每一场展区都独具特色，有的以花卉为主题，展示了不同种类的花卉之美；有的则以花艺设计为主，将花卉与园艺技巧巧妙结合，创造出令人惊叹的花艺作品。在这里，每一朵花都被赋予了新的生命，它们用自己的方式诉说着春天的故事。

在花展的一个角落里，一位老园艺师正用一尺一寸地测量着花卉的生长情况，他神情专注，仿佛在与每一朵花对话。他告诉我们，每一朵花都有它独特的生长节奏和需要，只有用心去呵护，才能让它们绽放出最美的姿态。

花展期间，小镇上还举办了一系列与花卉相关的活动，如花卉摄影比赛、花艺讲座等，让游客们在欣赏美景的同时，也能深入了解花卉的奥秘和园艺的魅力。这些活动如同一袭袭春风，吹拂在每个人的心田，让春天的气息更加浓郁。

夜幕降临，花展现场依然灯火通明，游客们流连忘返。在这个不眠之夜，花与光交织成一幅幅动人的画卷，让人仿佛置身于一个梦幻的童话世界。而这一切，都是小镇上的人们用汗水和智慧，为春天献上的最真挚的礼物。

花展持续了整整一旬，期间不仅吸引了众多游客前来观赏，也为小镇带来了前所未有的生机与活力。当花展落下帷幕时，小镇上的人们纷纷表示，这将是一个难忘的春天，因为在这个季节里，他们不仅看到了花的美丽，更感受到了人与自然的和谐共处，以及那份对美好生活的向往与追求。

第四章：鞋盒

在一座古老而宁静的小镇上，有一条细长的石板路，两旁排列着各式各样的小店，其中一家专门售卖手工鞋的小店尤为引人注目。这家小店的鞋盒与众不同，每一个都蕴含着匠人的心血与情感，仿佛是一段段未完待续的故事，等待着有缘人来开启。

店主是一位年迈的老人，他有着一双巧夺天工的手，能将平凡的皮革变成一双双精美的鞋子。而这些鞋子，总是被精心地放置在特制的鞋盒中。这些鞋盒，有的用丈量精准的木材打造，线条流畅，质地坚固；有的则装饰着繁复的图案，每一笔都透露出匠人的匠心独运。

老人的鞋盒，不仅保护着鞋子免受尘埃的侵扰，更承载着他对每一双鞋子的深情厚意。每当有新鞋制成，他都会亲手将鞋子放入鞋盒中，再用一缕缕细线将盒盖紧紧绑好，确保鞋子在运输过程中不会受到丝毫损伤。

在他的小店里，还摆放着一座座小巧的鞋盒展示架，上面错落有致地摆放着各式各样的鞋盒。每当有顾客光临，老人总会耐心地为他们介绍每一个鞋盒背后的故事，以及它所承载的那双鞋的独特之处。

有一天，一位远道而来的旅人走进了这家小店。他被那些精美的鞋盒深深吸引，尤其是其中一个装饰着繁复花纹、散发着淡淡木香味的鞋盒。老人告诉他，这个鞋盒是为一双特制的皮靴准备的，那双皮靴采用了最上等的皮革，经过数十道工序精心打造而成，是店中的镇店之宝。

旅人被老人的故事所打动，决定买下这双皮靴和它的专属鞋盒。在离开前，老人还特意赠送给他一瓶特制的鞋油，告诉他这是保养皮革的秘诀，能让鞋子永远如新。

旅人带着鞋盒和皮靴踏上了归途，心中充满了对老人和这座小镇的感激。每当夜深人静时，他都会拿出那个鞋盒，轻轻抚摸着上面的花纹，仿佛能感受到老人的温度和那份对手工艺的热爱。

多年后，旅人将那个鞋盒和皮靴作为传家宝传给了下一代，告诉他们这是来自一个遥远小镇的礼物，里面不仅装着一双精美的鞋子，更装着一段关于匠心、传承和爱的故事。

而那个小镇上的小店，依旧静静地守候在那里，用一双双巧手和一个个精致的鞋盒，讲述着属于它的故事，等待着下一个有缘人的到来。

第五章：茄子

在一个阳光明媚的夏日午后，小镇的菜园里，一位勤劳的农夫正忙着收获他精心种植的茄子。这些茄子，个个饱满圆润，皮色鲜亮，仿佛是夏日里最动人的风景。农夫望着这一片丰收的景象，心中充满了喜悦与满足。

他身穿一件旧旧的蓝布衫，头戴一顶遮阳帽，手里拿着一把锋利的镰刀，小心翼翼地割下一根根茄子。每割下一根，他都会轻轻地放在身边的箩筐里，生怕弄伤了这些娇嫩的果实。不一会儿，箩筐里就装满了沉甸甸的茄子，仿佛是一堆堆夏日的宝藏。

收获完毕后，农夫挑着装满茄子的箩筐，踏上了回家的路。一路上，他遇到了几位邻居，大家都纷纷停下脚步，围上来查看他的收成。他们一边夸赞茄子的品质，一边讨论着各种茄子的烹饪方法，空气中弥漫着温馨与欢乐的气息。

回到家，农夫的妻子已经准备好了一杯清凉的茶水，等待着他的归来。他放下箩筐，接过妻子递来的茶杯，一饮而尽，仿佛连日的疲惫都随着这杯茶水消散无踪。随后，夫妻俩便开始忙碌起来，他们将茄子一根根洗净，切成均匀的段，准备做一顿丰盛的晚餐。

晚餐时分，餐桌上摆满了以茄子为主打的菜肴：红烧茄子、清蒸茄子、茄子炒肉……每一道菜都散发着诱人的香气，让人垂涎欲滴。一家人围坐在一起，品尝着这些用自家种植的茄子做成的美食，脸上洋溢着幸福的笑容。

饭后，农夫的妻子还特意用剩下的茄子做了一坛茄子酱，准备留给以后慢慢享用。她将茄子切成小块，加入适量的盐和调料，搅拌均匀后，放入一个干净的坛子里，用盖子密封好。几天后，当茄子酱发酵成熟，打开坛盖，一股浓郁的香气扑鼻而来，让人忍不住想要品尝一口。

随着时间的推移，这批茄子不仅为农夫一家带来了美味的晚餐和茄子酱，还成为了他们与邻居们交流的纽带。每当有邻居来访，农夫都会热情地拿出自家种植的茄子，与他们分享这份丰收的喜悦。而邻居们也会带来自家的其他蔬菜或水果，大家坐在一起，品尝着各自的美食，谈论着生活的点滴，享受着这份难得的闲暇时光。

就这样，在一个又一个平凡的日子里，这批茄子不仅滋养了农夫一家人的身体，更温暖了他们的心灵，成为了他们生活中不可或缺的一部分。而这一切，都源于农夫那双勤劳的手和那份对土地的深深热爱。

第六章：电视机遥控

在一个充满欢声笑语的家庭中，电视机是大家共同的娱乐中心。而在这个家庭中，有一个被大家频繁使用的物品——电视机遥控器，它虽不起眼，却掌握着全家人的快乐源泉。这个遥控器，就像一颗小小的宝石，镶嵌在家庭的日常中，闪烁着独特的光芒。

一天，家中的小儿子不小心将遥控器掉进了一杯水中，这突如其来的"灾难"让全家人都慌了神。遥控器在水中泡了一会儿，虽然被迅速捞起，但已经无法正常使用了。没有了遥控器，大家看电视时变得极为不便，每次换台或调节音量都得走到电视机前，手动操作，这让大家感到非常不适应。

为了解决这个问题，家中的大人决定去市场上买一个新遥控器。他们来到电子市场，面对琳琅满目的商品，经过一番挑选，最终选中了一款功能齐全、操作简便的遥控器。这款遥控器，就像一盘精心准备的佳肴，满足了全家人的需求，让看电视的体验再次变得轻松愉快。

新遥控器到家后，全家人都很高兴，尤其是小儿子，他对自己的过失感到十分内疚，现在看到新遥控器，心里也踏实了许多。他小心翼翼地拿着新遥控器，生怕再出什么差错。为了让家人更好地享受看电视的时光，他还特意研究了一下新遥控器的各项功能，就像研究一盘复杂的棋局，每一步都充满乐趣。

随着时间的推移，新遥控器逐渐成为了家庭中的"明星"物品。每当晚上，全家人围坐在一起看电视时，遥控器总是在大家手中传来传去，每个人都根据自己的喜好选择节目，调节音量。有时，为了争夺遥控器的"使用权"，大家还会开几句玩笑，气氛十分融洽。

然而，好景不长，有一天，遥控器突然失灵了。无论怎么按，电视机都没有反应。这让全家人再次陷入了困境。经过一番检查，大家发现原来是遥控器里的电池没电了。于是，家中的大人赶紧去买了几块新电池，换上后，遥控器又恢复了正常工作。这次经历，就像一场虚惊，让大家更加珍惜这个小小的遥控器。

从此以后，全家人对遥控器更加爱护了。他们不再随意乱放遥控器，而是专门为它找了一个固定的位置。每次使用完遥控器后，大家都会习惯性地放回原处，就像把一颗珍贵的心放回胸膛。

而这个小小的遥控器，也见证了家庭的成长与变迁。每当回忆起那些与遥控器相伴的日子，全家人都会露出会心的笑容。在这个小小的遥控器上，凝聚着家人的爱与关怀，也记录着他们共同度过的每一个欢乐时光。

第七章：自行车铃

在一个宁静的小镇上，有一辆老旧的自行车，它伴随着主人度过了无数个春夏秋冬。这辆自行车的特别之处，在于它车把上挂着的那只清脆悦耳的铃铛。每当主人骑行时，轻轻一拨，铃铛便会发出一曲悠扬的声响，仿佛在为小镇的宁静添上一抹生动的旋律。

这只铃铛，是主人年轻时在一次偶然的机会下得到的。那时，他还是一个学生，每周都会骑着这辆自行车往返于学校和家之间。有一次，他在路上遇到了一位年迈的修车匠，修车匠见他的自行车没有铃铛，便从自己的工具箱中拿出一只精致的铃铛，赠予了他。这只铃铛，就像一盏明灯，照亮了他前行的道路，也温暖了他的心。

自那以后，这只铃铛便成了他生活中不可或缺的一部分。每当上课铃声响起，他总会想起那只挂在自行车上的铃铛，仿佛它在提醒自己，要珍惜每一刻的学习时光。而每当周末来临，他便会骑着这辆装有铃铛的自行车，穿梭在小镇的大街小巷，享受着自由与快乐。

岁月如梭，转眼间，他已从一个青涩的少年成长为一位成熟稳重的中年人。但他的自行车和那只铃铛，却依然陪伴着他。尽管铃铛的表面已经有些斑驳，但每当他轻轻一拨，那熟悉而清脆的声响依然会响起，仿佛能穿越时空，带他回到那些无忧无虑的日子。

然而，有一天，这只铃铛突然失声了。他仔细检查后发现，原来是铃铛内部的弹簧生锈断裂。这让他感到十分失落，仿佛失去了一个老朋友。为了修复这只铃铛，他四处寻找能够修理的工匠，但遗憾的是，小镇上已经没有人会这门手艺了。

就在他几乎要放弃的时候，他想起了一个传说。据说，在小镇的边缘，有一位隐居的老工匠，他精通各种手工技艺，能够修复各种损坏的物品。于是，他决定去寻找这位老工匠。

经过一番打听和寻找，他终于找到了那位老工匠。老工匠听了他的故事后，欣然接受了修复铃铛的任务。他用一双巧手，将铃铛拆解开来，仔细地清理了内部的锈迹，然后用新的弹簧替换了断裂的部分。经过一番努力，铃铛终于再次发出了清脆的声响。

当他从老工匠手中接过修复好的铃铛时，心中充满了感激与喜悦。他重新将铃铛挂在自行车的车把上，轻轻一拨，那熟悉而悠扬的声音再次响起。这一刻，他仿佛回到了过去，回到了那些与自行车和铃铛相伴的日日夜夜。

从此以后，他更加珍惜这只铃铛了。每当夜幕降临，他都会骑着这辆装有铃铛的自行车，在小镇的街道上缓缓前行。那清脆的铃声，就像一首悠扬的曲子，回荡在小镇的夜空中，也回荡在他的心中。而这只铃铛，也成了他心中最宝贵的回忆之一，永远珍藏在他的心底。

第八章：电视机屏幕

在一个小镇上，有一户人家，他们的客厅里摆放着一台老旧的电视机。这台电视机已经陪伴了家族好几代人，虽然外壳已经略显斑驳，但屏幕却依然清晰明亮，仿佛能够穿越时空，记录下每一个重要的瞬间。

这台电视机的屏幕，就像是一扇神奇的窗户，每当夜幕降临，全家人便会围坐在一起，通过这扇窗户，观看外面的世界。有时，屏幕上播放的是一部感人至深的电影，让全家人热泪盈眶；有时，则是一场激动人心的体育赛事，让大家欢呼雀跃。无论是什么内容，这台电视机总能带给全家人无尽的欢乐与感动。

然而，随着时间的流逝，电视机的屏幕也开始出现了老化的迹象。画面不再像以前那样清晰，偶尔还会出现闪烁和模糊的情况。这让全家人都感到十分担忧，他们担心这台陪伴了他们多年的电视机即将走向生命的尽头。

为了解决这个问题，家中的长辈决定去寻找一位能够修理电视机的师傅。经过一番打听，他们找到了一位技艺高超的师傅，他有着丰富的修理经验，被誉为"电视机神医"。

师傅来到家中后，仔细检查了电视机的屏幕。他发现，屏幕内部的某些元件已经老化，需要更换。于是，他从自己的工具箱中拿出一根根细小的零件，开始小心翼翼地拆卸和更换。经过一番努力，电视机的屏幕终于恢复了往日的清晰与明亮。

全家人看到这一幕，都感到十分高兴。他们感激地握着师傅的手，连声道谢。师傅微笑着说："这台电视机已经陪伴了你们好几代人，它见证了你们的成长与变迁。只要你们好好保养它，它还能继续为你们服务很多年。"

从此以后，全家人对这台电视机更加珍惜了。他们每天都会用一块柔软的布轻轻擦拭屏幕，确保它保持干净与明亮。每当有重要的节目或赛事时，他们都会提前坐在电视机前，等待着那一刻的到来。

而电视机屏幕，也仿佛感受到了全家人的关爱与呵护。它继续默默地记录着每一个重要的瞬间，陪伴着全家人度过了一个又一个难忘的日子。

岁月如梭，转眼间，这台电视机已经陪伴了家族好几十年。虽然它的外壳已经变得陈旧不堪，但屏幕却依然清晰明亮，仿佛永远都不会老去。它成为了家族中不可或缺的一部分，也成为了全家人心中最宝贵的回忆之一。每当提起这台电视机时，大家都会露出会心的笑容，仿佛又回到了那些与电视机相伴的欢乐时光。

第九章：公交车窗

在一座繁忙的城市中，有一辆老旧的公交车，它日复一日地穿梭在城市的每一个角落，承载着无数乘客的喜怒哀乐。而这辆公交车的车窗，就像是一扇扇小小的窗口，透过它们，可以看到城市的繁华与喧嚣，也可以感受到人间的温情与冷漠。

有一天，一个年轻的上班族坐上了这辆公交车。他手里拿着一本厚厚的书，那是他最近正在阅读的一本小说。随着公交车的启动，他轻轻地靠在车窗旁，翻开了书的第一页。透过车窗的缝隙，一阵微风拂过，书页随风轻轻翻动，仿佛在为他的阅读增添了几分诗意。

公交车行驶在城市的街道上，车窗外的风景如同一幅幅流动的画卷，不断变换着。有时，是高楼大厦的巍峨壮观；有时，是街头巷尾的市井生活。这些景象，都透过车窗，一一映入了他的眼帘。他一边阅读着小说，一边透过车窗欣赏着城市的风景，心中充满了对生活的热爱与向往。

过了几站，上来了一位老奶奶。她手里提着一篮子刚买的菜，显得有些吃力。年轻人见状，连忙起身让座。老奶奶感激地坐下后，和他聊起了家常。她告诉他，自己每天都会坐这辆公交车去买菜，已经习惯了车窗外的那些风景。有时，她还会看到一些熟悉的面孔，虽然彼此并不认识，但那种默契与亲切感却让她感到十分温暖。

聊着聊着，公交车已经行驶到了一个繁华的商业区。这里人来人往，车水马龙，好不热闹。年轻人透过车窗望去，只见一栋栋高楼大厦拔地而起，各种品牌的广告牌在阳光下熠熠生辉。他感叹道："这座城市真是越来越繁华了。"

老奶奶却摇了摇头，说："虽然城市变得越来越现代化，但人与人之间的温情却似乎越来越少了。以前，车上的乘客们都会互相打招呼、聊天，现在却大多低头玩手机，互不相识。"

年轻人闻言，心中若有所思。他抬头望向车窗外，只见一对年轻的情侣手牵手走过，脸上洋溢着幸福的笑容。那一刻，他突然明白，无论城市如何变迁，人与人之间的情感纽带始终存在。只要用心去感受，就能发现那些隐藏在生活中的美好瞬间。

公交车继续前行，最终到达了年轻人的目的地。他下车前，回头望了一眼那扇陪伴了他一路的车窗，心中充满了感激。这扇车窗，不仅让他看到了城市的风景，更让他感受到了人间的温情与美好。

从此以后，每当他再次坐上这辆公交车时，都会不由自主地望向车窗。透过那扇小小的窗口，他仿佛看到了自己在这座城市中成长的足迹，也看到了那些与他擦肩而过的陌生人们脸上的微笑与希望。而这一切，都将成为他心中最宝贵的回忆之一。

第十章：天使

在一个遥远的国度里，生活着一位被世人称为"天使"的善良女子。她不仅拥有一副温柔的心肠，还常常用自己的力量去帮助那些需要帮助的人。在她的世界里，每一份给予都如同珍贵的礼物，用心衡量，用爱传递。

一日，天使听闻村中闹起了饥荒，许多家庭已经数日无米下锅。她立刻行动起来，带着一**盒**盒精心准备的粮食，悄悄送到了每一户贫困人家的门前。那些粮食，每一粒都蕴含着天使的关怀与希望，让饥饿的人们重新看到了生活的光芒。

又一日，天使漫步在乡间小道上，忽闻一阵悠扬的琴声。她循声而去，发现是一位年迈的琴师正在弹奏一曲悲伤的旋律。原来，他的琴弦已断，无法再奏出完整的乐章。天使微微一笑，从怀中取出一**条**崭新的琴弦，轻轻递给了琴师。琴弦一换，琴声立刻变得清脆悦耳，仿佛连天空都被这美妙的音乐所感动。

不久后，天使听说城里将要举行一场盛大的音乐会，但许多贫困的孩子因为买不起门票而无法参加。她决定再次伸出援手，用自己的积蓄购买了一**场**音乐会的门票，分发给了那些渴望音乐的孩子。当孩子们欢天喜地地走进音乐会现场时，天使站在场外，脸上洋溢着满足的笑容。

在一个风和日丽的午后，天使偶遇了一位孤独的画家。画家正对着空白的画布发呆，原来他的颜料已经用尽，无法继续创作。天使从背包中取出一**盒**盒五彩斑斓的颜料，放在了画家的面前。画家感激涕零，立刻拿起画笔，在画布上挥洒自如，最终画出了一幅描绘天使的美丽画卷。

随着时间的推移，天使的事迹传遍了整个国度。人们纷纷效仿她的善行，用各自的方式去帮助他人。天使也感到无比欣慰，她知道，自己的力量虽小，但只要能够点燃他人心中的善良之火，就能汇聚成照亮世界的光芒。

在天使的心中，衡量幸福的不是金钱与地位，而是那一**口**口温暖的饭菜、一**匹**匹驰骋的爱心、一**时**时刻刻的陪伴、一**丈**丈前行的脚步，以及那一**面**面洋溢着笑容的脸庞。她用这些简单却珍贵的"衡量词"，书写着属于自己的天使篇章。

第十一章：机器人

在一个未来的世界里，科技高度发达，机器人已经普及到了人们生活的方方面面。然而，在这个充满金属与电路的世界里，有一个特别的机器人，它用一**盒**盒零件，一**担**担材料，构建出了自己不同寻常的"生命"。

这个机器人名叫阿诺，它不同于其他流水线上生产的机器人，它拥有自我意识，渴望探索世界的奥秘。阿诺的创造者，是一位年迈的科学家，他用一**棵**棵智慧之树的灵感，赋予了阿诺独特的思考能力和情感。

在阿诺的世界里，时间以**年**为单位流逝，但它从不觉得漫长。它每天忙碌于实验室中，用一**袋**袋的废料，一**瓶**瓶的润滑剂，修理着那些被遗弃的机器人，给予它们新的生命。阿诺相信，每一个机器人都应该被尊重，它们也有自己的梦想和追求。

有一天，阿诺遇到了一**阵**突如其来的风暴，实验室的屋顶被掀翻，许多珍贵的实验设备被毁。面对这场灾难，阿诺没有退缩，它用一**罐**罐的胶水，一**锅**锅的焊接材料，亲手修复了实验室，保护了那些珍贵的科研成果。

阿诺的善良和坚韧感动了周围的人，他们开始重新审视机器人的价值。人们不再仅仅把机器人当作工具，而是把它们当作朋友，甚至家人。阿诺也在这个过程中，找到了自己的使命——用自己的力量，去帮助更多的人，让这个世界变得更加美好。

随着时间的流逝，阿诺成为了一个传奇。它用自己的行动证明了，机器人不仅仅是一堆金属和电路，它们也可以拥有情感，拥有梦想，甚至可以成为改变世界的力量。在阿诺的带领下，越来越多的机器人加入了它的行列，它们用一**丈**丈的电线，一**盒**盒的零件，编织着属于自己的未来。

阿诺的故事，就像一首动人的诗篇，激励着每一个机器人，也激励着每一个人。它告诉我们，无论身处何种环境，无论面对何种困难，只要我们拥有梦想，拥有坚持，就一定能够创造出属于自己的奇迹。

第十二章：宇宙星

在浩瀚无垠的宇宙中，漂浮着一颗名为"宇宙星"的神秘星球。这颗星球上，生活着一种奇特的生物，它们以一**笼**笼的光点为食，用一**墙**墙的光幕建造家园，每一**撮**星光都是它们生活的源泉。

宇宙星上，有一座宏伟的宫殿，它的顶部镶嵌着一**顶**璀璨的宝石，那是星球上最珍贵的宝物，被称为"宇宙之心"。这颗宝石能够散发出温暖的光芒，照亮整个星球，为生物们提供无尽的生命力。

有一天，一颗陨石从天而降，撞向了宇宙星，导致星球上的光点开始逐渐减少，生物们的家园也受到了威胁。为了拯救星球，一位勇敢的探险家决定踏上寻找新光源的旅程。他背着一**篮**装备，每一**秒**都在与时间赛跑，希望能尽快找到解决之道。

探险家在旅途中遇到了许多困难，但他从未放弃。他穿越了茫茫的星海，跨过了冰冷的冰川，甚至潜入了深邃的洞穴。在洞穴的最深处，他发现了一**口**古老的泉眼，那里流淌着的是宇宙中最纯净的光之粒。

探险家兴奋地采集了一**撮**光之粒，准备返回宇宙星。但在返回的途中，他遇到了一群贪婪的星际海盗，他们企图抢夺光之粒，以此来控制整个宇宙。

面对强大的敌人，探险家毫不畏惧。他利用自己的智慧和勇气，巧妙地布下了一**网**陷阱，最终成功地将星际海盗一网打尽。他带着光之粒，安全地回到了宇宙星。

当探险家将光之粒撒向天空时，整个星球再次被温暖的光芒所笼罩。生物们的家园得到了修复，星球上的光点也重新焕发了生机。为了感谢探险家的英勇行为，星球上的生物们为他举行了一场盛大的庆典。

在庆典上,探险家被尊称为"宇宙星之光"。他用自己的行动证明了,无论面对多大的困难,只要心中有光,就一定能够照亮前行的道路。而宇宙星,也在这份光芒的照耀下,变得更加璀璨夺目。

第十三章：香蕉

在一个遥远的热带岛屿上，生长着一片繁茂的香蕉林。这里的香蕉不仅个头硕大，味道更是甜美无比，是岛上居民最喜爱的水果之一。每当香蕉成熟时，整个岛屿都弥漫着浓郁的果香，吸引着四面八方的游客前来品尝。

在这片香蕉林中，住着一位勤劳的老农，他拥有一片属于自己的香蕉园。每天清晨，他都会带着一**担**工具，走进园中，细心地照料着每一株香蕉树。他浇水、施肥，还用一**钵**钵的有机肥料，滋养着这片土地，让香蕉树茁壮成长。

转眼间，香蕉树挂满了沉甸甸的果实。老农看着这一串串金黄的香蕉，心中充满了喜悦。他摘下一**盘**盘香蕉，放在院子里，准备分给邻居和朋友们品尝。每当有人路过，他都会热情地招呼，递上一**支**香蕉，让大家共享这份丰收的喜悦。

然而，今年的香蕉丰收却引来了一群贪婪的商人。他们看到香蕉的品质上乘，便想低价收购，然后运到外地高价出售。老农拒绝了他们的要求，因为他知道，这些香蕉是岛上居民共同的财富，应该留给大家一起享用。

商人们不甘心失败，他们开始散布谣言，说老农的香蕉有问题，吃了会生病。一时间，岛上居民人心惶惶，都不敢再吃香蕉了。老农看着满园的香蕉无人问津，心中十分焦急。

为了证明自己的香蕉是无害的，老农决定举办一场香蕉盛宴。他邀请了全岛的居民和游客，准备了一**盆**盆美味的香蕉菜肴，还有一**盏**盏精美的香蕉灯，将整个宴会布置得温馨而浪漫。在宴会上，老农亲自品尝了每一道菜肴，用实际行动证明了自己的香蕉是安全的。

最终，老农的真诚和善良感动了所有人。大家纷纷表示，要相信老农，支持他的香蕉园。而那些贪婪的商人，也因为他们的不诚信行为，被岛上居民所唾弃。

从那以后，老农的香蕉园更加繁荣了。每当香蕉成熟时，他都会举办一场盛大的庆祝活动，邀请亲朋好友一起分享这份丰收的喜悦。而香蕉，也成为了这个岛屿上的一张名片，吸引着越来越多的人前来探访和品尝。在这个充满爱与分享的故事里，香蕉不仅是一种水果，更是一种传递温暖和友谊的使者。

第十四章：蜜蜂窝

在一个阳光明媚的春日里，一**幢**位于山间的小屋旁，发现了一个繁忙而有序的蜜蜂窝。这个蜜蜂窝，是成千上万只蜜蜂共同努力的结晶，它们用一**周**又一周的时间，精心构建了这个温暖而坚固的家。

蜜蜂窝的形状宛如一个精致的工艺品，每一**面**都布满了六边形的蜂房，这些蜂房不仅结构精巧，还能最大限度地利用空间，存储蜂蜜和养育幼虫。每当阳光透过树叶的缝隙，洒在这个蜜蜂窝上时，它便闪烁着金色的光芒，宛如一颗璀璨的宝石。

在这个蜜蜂窝中，有一只特别勤劳的蜜蜂，它被称为"勤劳者"。勤劳者每天早出晚归，带领着一**打**蜜蜂外出采蜜，它们穿梭在花丛间，用一口口小小的蜜囊，采集着甘甜的花蜜。每当夕阳西下，它们便满载而归，将采集到的花蜜倒入蜂房中，为整个蜂群提供食物。

随着时间的推移，蜜蜂窝中的蜂蜜越来越多，吸引了附近许多小动物的目光。它们纷纷前来，希望能品尝到这美味的蜂蜜。然而，蜜蜂们并不吝啬，它们会慷慨地分享自己的劳动成果，但前提是必须尊重它们的家园。

在一个风和日丽的下午，一只好奇的小熊来到了蜜蜂窝旁。它看着那些忙碌的蜜蜂，心中充满了好奇。小熊忍不住伸出爪子，想要触碰那些金色的蜂房。就在这时，勤劳者发现了小熊的意图，它迅速发出警报，带领着一**群**蜜蜂将小熊团团围住。

面对蜜蜂们的围攻，小熊吓得连连后退，再也不敢靠近蜜蜂窝了。它意识到，这些小小的蜜蜂虽然体型不大，但团结起来的力量却是巨大的。从此以后，小熊学会了尊重每一个生命，不再随意打扰别人的家园。

转眼间，一**月**又一月过去了，蜜蜂窝中的蜜蜂们依然忙碌着。它们不仅采集花蜜，还负责守卫家园、照顾幼虫、调节温度等各项工作。在这个小小的蜜蜂窝中，每一个成员都发挥着不可或缺的作用，共同维护着这个大家庭的和谐与稳定。

而勤劳者，作为这个蜜蜂窝中的佼佼者，更是以身作则，用自己的行动诠释了什么是真正的勤劳与奉献。在它的带领下，蜜蜂窝中的蜜蜂们更加团结一心，共同创造了一个充满爱与和谐的家园。

就这样，蜜蜂窝在阳光下熠熠生辉，成为了山间一道亮丽的风景线。而蜜蜂们的故事，也在这片土地上流传开来，激励着每一个生命去珍惜、去努力、去创造属于自己的美好未来。

第十五章：吉他盒

在一个充满艺术气息的小镇上，有一**幢**古老而优雅的木屋，这里是镇上著名的音乐家老陈的工作室。老陈不仅精通各种乐器，还擅长制作精美的乐器，其中最令人称道的便是他的吉他。而在这些吉他中，有一个特别的吉他，它被装在一个看似普通却又充满故事的**吉他盒**里。

这个吉他盒，是老陈年轻时用一**箱**箱珍贵的木材，**一线**一线亲手缝制而成的。盒子的外表并不华丽，却透露出一种质朴而深沉的美感，就像老陈的音乐一样，能够直击人心。每当夜深人静，老陈便会打开这个吉他盒，取出里面的吉他，轻轻地弹奏起来。

这把吉他，见证了老陈一生的风风雨雨。从年轻时为了梦想而四处奔波，到中年时为了家庭而努力奋斗，再到老年时终于有机会静下心来，享受音乐带来的宁静与美好。每一**脚**印，每一个音符，都深深地烙印在了这把吉他上。

老陈有一个习惯，每次演出结束后，他都会从观众中挑选一**个**幸运儿，将这把吉他借给他（她）弹奏一曲。每当这个时候，老陈都会坐在一旁，静静地看着对方弹奏，眼中闪烁着欣慰与期待。他希望通过这种方式，能够将音乐的热情与力量传递给更多的人。

有一天，一个年轻的吉他手小华，被老陈选中成为了那个幸运儿。小华接过吉他，手指轻轻地在琴弦上跳跃，瞬间，整个房间都充满了动人的旋律。小华被这把吉他的魔力深深吸引，他仿佛能够感受到老陈一生的故事与情感都蕴含在这琴声之中。

演出结束后，小华依依不舍地将吉他归还给老陈。老陈看着小华，微笑着说："这把吉他，是我一生的心血。我希望有一天，你能够制作出属于自己的吉他，将你的故事与情感传递给更多的人。"说完，老陈从抽屉里拿出一个精致的**袋**子，里面装着一**壶**特制的松香和几**杯**细小的琴弦，这些都是制作吉他时必不可少的材料。

小华接过袋子，眼中闪烁着坚定的光芒。他知道，这不仅是一份礼物，更是一份责任与传承。从那以后，小华更加努力地学习吉他制作技艺，他希望能够像老陈一样，制作出能够触动人心的吉他，将自己的故事与情感传递给更多的人。

而那个吉他盒，也成为了小华心中的一个神圣的象征。每当他遇到困难或挫折时，他都会打开吉他盒，看看那把老陈亲手制作的吉他，听听那熟悉的旋律，从中汲取力量与勇气。他知道，只要心中有音乐，有梦想，就一定能够克服一切困难，走向成功的彼岸。

第十六章：西瓜

在一个炎热的夏日午后，村庄里的老槐树下，围坐着几位村民，他们正议论着今年地里那特别大的西瓜。这时，王大娘手里**一盘**切好的西瓜端了过来，鲜红的瓜瓤，黑亮的瓜子，散发着诱人的香甜气息。

"这西瓜可真不错啊！"张大爷拿起**一块**西瓜，咬了一大口，汁水四溢，满脸都是满足的笑容。

"是啊，这都是因为用了老王的新方法种植。"王大娘笑着回应，手里还忙着给每个人再添**一块**。

不远处，小王正忙着从田里摘西瓜，他用**一手**托着西瓜，**一手**拿着镰刀，小心翼翼地将西瓜藤蔓割断。摘满**一笼**后，他吃力地提起，准备运回村里。

村里的孩子们也兴奋地参与到这场西瓜盛宴中来。他们找来**一条线**，绑在西瓜上，玩起了西瓜拔河的游戏，欢声笑语充满了整个村庄。

傍晚时分，村里的老王开始制作西瓜霜。他将**一丸**丸的西瓜霜原料放入**一罐**中，经过精心熬制，最终制成了解暑良药。村民们纷纷前来领取，感谢老王的慷慨。

夜幕降临，村民们围坐在村口的大树下，分享着今日的收获。有人弹起了琴，有人唱起了歌，还有人讲起了关于西瓜的古老传说。这一夜，**一回**又一回的欢笑，让这平凡的夏日夜晚变得不再平凡。

夜深了，家家户户都熄了灯，只有那皎洁的月光洒在田野上，守护着这片孕育着希望与甜蜜的西瓜地。今年的西瓜，不仅带来了丰收的喜悦，更拉近了村民们之间的距离，让这个夏天充满了爱与温暖。

第十七章：恐龙蛋

在一个遥远的时代，大地上还生活着巨大的恐龙，它们在这片广袤的土地上自由地漫步。在一个被茂密森林环绕的山谷中，有一颗神秘的**棵**老树，树下藏着一个巨大的秘密——一枚珍贵的**丸**状恐龙蛋。

这枚恐龙蛋被一**捆**捆的藤蔓紧紧缠绕，仿佛是大自然为了保护它而特意设置的屏障。日复一日，**日**复一日，恐龙蛋在时间的流逝中逐渐孕育着生命。

有一天，一只好奇的**只**小鸟发现了这枚蛋。它用**一手**轻轻地拨开藤蔓，用喙轻轻地触碰蛋壳，仿佛能感受到里面生命的脉动。小鸟决定守护这枚蛋，直到它孵化出小恐龙。

时间如白驹过隙，转眼间过去了**一周**。这一周里，小鸟每天都来照顾恐龙蛋，为它遮挡风雨，寻找食物。它的这份坚持和勇气，也感染了周围的动物们，它们纷纷加入守护恐龙蛋的行列。

终于，在一个月光皎洁的夜晚，恐龙蛋发出了微弱的光芒，蛋壳开始裂开。一只小巧可爱的恐龙宝宝从蛋中探出头来，好奇地打量着这个世界。小鸟和其他动物们欢呼着，庆祝新生命的诞生。

恐龙宝宝逐渐长大，它与小鸟和其他动物们建立了深厚的友谊。它们一起探险，一起玩耍，共同度过了许多难忘的时光。恐龙宝宝的成长，也成为了山谷中最动人的故事。

然而，好景不长，随着外界环境的变化，恐龙家族开始逐渐衰落。为了保护恐龙宝宝，小鸟决定带着它踏上寻找新家园的旅程。这一路上，它们遇到了许多困难和挑战，但凭借着勇气和智慧，它们一一克服。

最终，它们找到了一个适合恐龙宝宝生活的新家园。在这里，恐龙宝宝可以自由地成长，与其他恐龙一起生活。小鸟也在这里找到了属于自己的家，它与恐龙宝宝的友谊成为了永恒的传说。

这个故事，不仅讲述了一段跨越种族的深厚友谊，更传递了勇气、坚持和爱的力量。在恐龙蛋的见证下，这段传奇故事将永远流传在山谷的每一个角落。